U0040070

Smile, please

smile 163

【跟一行禪師過日常】怎麼吵

作者：一行禪師（Thich Nhat Hanh）

譯者：張怡沁

責任編輯：潘乃慧

封面設計、繪圖：王春子

校對：呂佳真

法律顧問：董安丹律師、顧慕堯律師

出版者：大塊文化出版股份有限公司

台北市105022南京東路四段25號11樓

www.locuspublishing.com

讀者服務專線：0800-006689

TEL：(02)87123898　FAX：(02)87123897

郵撥帳號：18955675　戶名：大塊文化出版股份有限公司

版權所有　翻印必究

總經銷：大和書報圖書股份有限公司

地址：新北市新莊區五工五路2號

TEL：(02) 89902588　　FAX：(02) 22901658

初版一刷：2019年9月

初版十六刷：2024年3月

定價：新台幣160元

Printed in Taiwan

一行禪師
Thich Nhat Hanh

怎麼吵

How to Fight

張怡沁　譯

目錄

爭吵筆記

打開溝通的門

自古以來，人擁有的溝通以此時最為多元：
電視、電台、電話、傳真、電子郵件，還有
網際網路；然而人人依舊是孤島，彼此之間
少有真正實質的溝通。無法溝通便難免煩
惱，於是我們又將自己的苦惱丟到他人身
上。其實我們可以找出方法，重新開啟溝通
之門。

爭執的起因

有人對你出言不遜，你可能想馬上反擊。這就是爭執的開端。當下反應的習性，在你腦子裡刻下印記，當你一再重訪這條神經路徑，就形成慣性。這條路徑往往通向憤怒、恐懼或渴求。只要一毫秒的時間，就足以讓你抵達同樣的終點：憤怒，此人居然敢惹你，必須給他點苦頭吃。心與大腦具備可塑性。你可以改變心意與大腦，還有你思考與感受的方式。藉由練習，就能創造新的神經路徑，帶來理解、慈悲、愛，以及寬恕。正念與洞察能夠介入神經活動，將你重新導向全新的路徑。

暫停一下

假設有人說了什麼讓你不舒服,用詞與聲口都惹得你不高興。你確信他們就是要你不好過。你當然會想要反擊,想回嘴。你覺得,要是能發洩怒氣、也讓他們不開心,你就會好過些。我們大都是這種反應態度,但正念能幫助我們暫停一下,覺察到內在升起的怒意。暫停能給予我們認知怒氣並加以轉化的機會。當我們感受內在生出怒火、煩厭,或憤懣時,先等一下,暫停並馬上回到自己的呼吸。內在出現這種能量時,先別開口也別行動,這樣才不會升高衝突。我們等待自己回復平靜。能夠暫停是無上的禮物。暫停給

我們機會，對世界送出更多愛和慈悲，而非憤怒與苦痛。

房子失火了

我們如果生了誰的氣，通常頭一個想到的是
反擊，而不是想要照顧自己的感受。這就像
自家著火了，沒有回頭救火，反倒先去追趕
放火的人。若是沒有回到內心的家，照顧自
己的怒火，那麼整間屋子都會燒得精光。如
果我們能暫停片刻，就能覺知自己的憤怒，
擁抱情緒，深觀情緒的真實根源。若能照顧
自己的憤怒，而非將注意轉到他人身上，馬
上就能獲得解脫。如果能暫停一下，看到自
己的憤怒或恐懼，看到它們或許來自錯誤的
認知，甚至源自內在強大的憤怒或恐懼的種
子。覺察到這點，就能從此免於憤怒、恐懼

的困擾。練習擁抱憤怒並深入觀察，找到憤怒的真實根源。洞察升起，你就自由了。

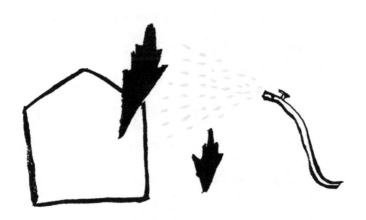

暖空氣不會壓制冷空氣

房間裡很冷，你會打開暖氣，然後暖爐開始釋放熱空氣。無須趕走屋裡的冷空氣，來讓房間變暖。冷空氣被熱空氣包圍，於是變得溫暖——兩者之間根本沒有爭鬥。正念就是能覺知當前正在發生的一切。這好比暖空氣進入清冷的室內。正念不會試圖壓制憤怒，而是覺知到憤怒，打聲招呼。「吸氣，我知道自己已經生出瞋怒；吐氣，我對我的憤怒微笑。」這不是鎮壓或征戰的行動，而是覺知的展現。一旦我們認知到自己的憤怒，就能溫柔地擁抱它。

別逃避

逃避痛苦並非明智之舉。我們該做的是與苦同在,深觀這份痛苦,好好利用它。藉著深入探索痛苦的本質,就能找到轉化和治癒的途徑。少了痛苦,無從得到幸福,也找不到通往幸福的道路。我們甚至可以談談受苦的益處,因為苦能幫助我們學習和成長。

無數的障礙

菩薩是偉大的有情眾生,一生致力於培養慈悲心,幫助他人離苦得樂。那麼菩薩有可能動怒嗎?當然會啦。身為菩薩,並不代表毫無缺點。只要具備覺察內在的能力,並試圖喚醒他人的人,都是菩薩。我們每個人都是菩薩,盡自己的力量。一路走來,我們或許會感到憤怒或沮喪。據說,當菩薩對另一位菩薩動怒,宇宙裡便障礙叢生,遍布各處。我們若是對自己生出仇恨與瞋怒,這情緒會反彈到各個方面。如果我們內在保持平安喜樂,這份平安喜樂也會散布到整個宇宙。

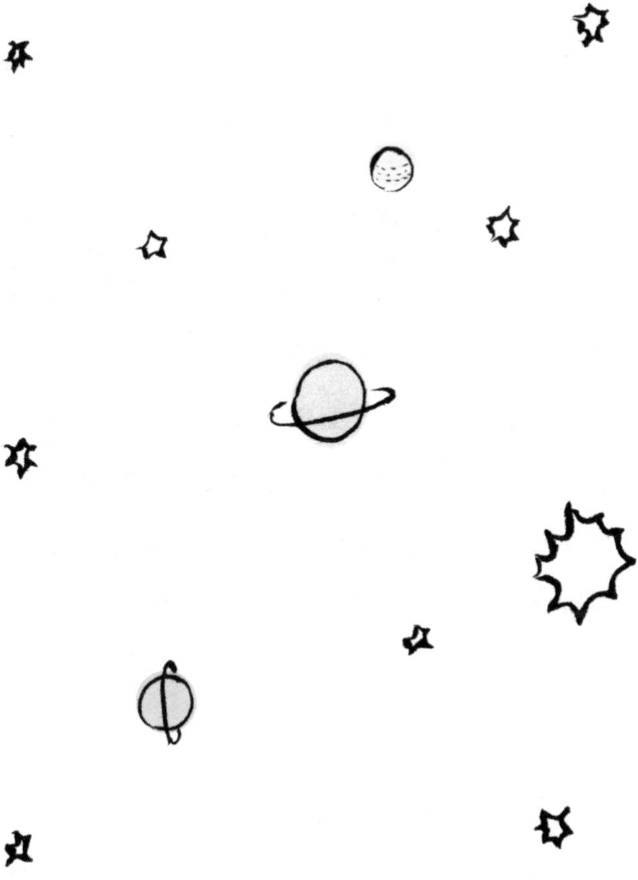

殺死憤怒

有位婆羅門請教佛陀:「師父,您認為有沒有什麼東西是我們可以殺死的?」佛陀回答:「有,憤怒。殺死憤怒可以消除苦痛,帶來平靜與快樂。」對憤怒微笑,輕輕捧著它,深深看進它的源頭,以慈悲與理解轉化它,就能「殺死」瞋心。佛陀的回答留給男子深刻的印象,於是出家為僧。當男子的堂兄得知此事,當面詛咒佛陀。佛陀只是笑了笑。這堂兄的怒氣更盛,問:「你為什麼沒反應?」佛陀回答:「如果有人拒絕收禮,禮物就得回到送禮的人手上。」憤怒的言行首先會傷害自己,而且受傷最深的是自己。

不要抗拒憤怒

所有的和談，起點都是源自與自己和平相處。首先，我們需要覺知自己的憤怒，擁抱憤怒，並與憤怒和平共處。你不會抗拒自己的怒氣，因為你的憤怒就是你。你的憤怒是你受傷的內在小孩。為什麼要和你的憤怒爭鬥呢？解決辦法是完全非暴力的：覺察、正念、溫柔擁抱內在的憤怒。像這樣，你的憤怒自然就會轉化。

聆聽他人

只有真正聆聽他人，才能如實地理解對方。當我們能夠帶著深切的慈悲傾聽他人，就懂得對方的痛苦和難處。但我們動怒時，沒辦法聽到別人的話語，也不能聆聽他們的痛苦。細心聆聽是一種禪修。我們覺知呼吸，隨著呼吸修習專注，就能理解對方，看到我們過去不知道的部分。修習細心聆聽的同時，我們可以幫助對方放下使他們痛苦的錯誤認知。聆聽可以修復我們的伴侶關係、友誼、親情，以及社群、國家與外交關係，重獲和諧。這股力量就是那麼強大。

聆聽自己

有時候，我們試圖傾聽他人卻聽不到，那是因為沒有先聆聽自己。自我的強烈情感和思緒，在內心和腦中是如此宏亮，哭求我們的關注，因此我們聽不到對方的聲音。在聆聽他人之前，我們要先花時間傾聽自己。我們可以和自己坐在一起，回到自己這個家，傾聽有什麼情緒升起，而不是批判或打斷。我們也可以聆聽任何思緒，讓它們流過，而不是與之糾結。如此，當我們花時間傾聽自己，就能夠聽到周圍的人。

慈悲的聆聽

修習慈悲的聆聽時，重點是要謹記，聆聽的目標只有一個，那就是幫助另一個人減少痛苦。你給對方一個機會，說出內心的想法。即便對方的言談夾帶著苛刻、挑釁或謬誤，甚至充滿了責備、批判跟不正確的觀念，你仍然會保持慈悲之心，繼續傾聽。如果你在聆聽的同時，內心抱持正念和憐憫，就能獲得防護，無論對方說什麼，都不會觸動你內在的煩惱和憤怒。這麼一來，你可以聽上一小時，甚至更長的時間，而你聆聽的品質會幫助對方減少痛苦。如果大家都是這般傾聽他人，就能夠真正照見對方的人性和痛苦。

你會發現對方是個人，一個跟你很類似的人。當你看著那個人，就不會再帶著懷疑、憤怒或恐懼了。

充滿愛的言語

慈悲的聆聽和充滿愛的言語，是幫助我們擺脫困境的大門。一旦我們帶著慈悲傾聽，就能用愛的言語來恢復溝通和理解。我們會知道該說什麼、不該說什麼，於是情況就不至於惡化。使用愛的言語，意味著說話方式能鼓舞對方的快樂、希望和信心。我們的話語，澆灌了我們和他人之間的健康種子。沒有憤怒、批判或怪罪。在表達心中的想法之前，我們會練習讓自己平靜，並且仔細選擇用詞，讓他人接受我們說出的話，也更能理解我們。每次開口，我們都可以修習愛的言語。憤怒和煩惱往往會阻礙我們使用愛的言

語，但我們知道，如果採用憤怒的能量說話，就會損害彼此的關係。愛的言語是建立關係或社群的基本技巧，也是所有人獲得安全和療癒的庇護處。

溫柔的力量

溫柔的力量無與倫比。當我們的言詞充滿溫柔與愛，就能轉化溝通過程中所有的憤怒、恐懼、怨懟和懷疑。愛的語言的唯一目的就是理解對方，並且獲得理解。

慷慨大度

愛的語言是慷慨的表現。當我們得到慈心的鼓舞，就能透過從善出發的言行，為許多人帶來幸福快樂。如果自己深受各種痛苦，便很難說出愛的話語。也因此，深入瞭解自己的憤怒、絕望和痛苦的根源，非常重要，這樣我們才能理解痛苦，並從中解脫。如果我們的用詞能激發自信、希望和信任，尤其是對孩子這麼說，他們就能茁壯開花。

客廳裡的憤怒

說出愛的語言，其實不容易，需要多加練習。首先，我們得練習不再澆灌對己無益的種子。佛學裡，將所有潛在心理狀態稱為種子。這些種子每個人都有，埋在心識的底層，所以我們不一定會感受到它們的存在。心識裡的種子包含了我們可能擁有的各種潛在情緒、思想和認知。如果某事觸發某顆種子，例如有人說了什麼不友善的話，澆灌你的憤怒種子，那麼這顆種子會浮現到心識的表層，也就是我們的意識。我們必須有能力看到自己正在澆灌不健康的種子，像是嫉妒、憤怒、歧視或絕望，有了覺察，才能說

出愛的語言。正念呼吸或行禪，都是舒緩的搖籃曲，幫助我們用覺知擁抱不健康的心識種子，安撫它重新入睡。心識的底層，就像地下室，意識則是客廳。如果你允許憤怒從地下室冒出來，它會占領整個客廳。如果憤怒停留在那裡很長一段時間，憤怒的種子就會在心識底層得到強化，變得更為主導，更容易顯現。如果你天天生氣，你的憤怒種子會長得愈來愈大，就更難培養慈悲心。少了慈悲，愛的語言便很難說出口。

正確的思考

如果我們想避免衝突、說愛的言語，就得先有清晰的思考。想什麼說什麼，想什麼做什麼，這是人之常情。當我們察覺自己對他人生出負面的想法，先別專注於自己的負面思考與批判，而是要想想，他為什麼出現這種行為呢。我們可以關注此人不得不面對的困境與艱難，也可以想想這人的優點、善意，對周遭的善行，這樣便能生出慈悲，放下自己的憤怒。

愛你的敵人

當我們深觀自己的憤怒，就會看到我們稱之為「仇人」的人也正遭受痛苦。因為他們如此痛苦，這份痛苦會蔓延給我們與其他人。一旦我們發現某人正在受苦，會很容易接受他們並生起慈悲。這就是耶穌所說的「愛你的敵人」。愛，意味著以慈悲擁抱對方。我們會體察到對方正在受苦，需要我們的慈悲，而非憤怒。如果我們能愛敵對的一方，那個人就不再是敵人了。「敵人」的想法消失，那只是個受苦的人，需要我們的慈悲。有時這並不困難，比你想的簡單。重點是要練習深觀憤怒。

敵方從來不是他人

歧視、衝突和戰爭的源頭，從來不是在我們之外，而是根植於我們思考與看待世界的方式。真正的敵人是我們的無明、觀念上的執著，以及錯誤的認知。透過深觀內在，修習慈悲對話，就能將誤解和憤怒轉化為理解與愛，有如園丁將堆肥化為孕育美麗的花朵和蔬菜的養分。

如何說實話

企圖證明某個觀點時，我們有可能稍微扭曲事實，或是只說出部分的實情。我們也可能刻意編造一些比實際狀況更誇大或更極端的說法。還有就是加油添醋，文過飾非，或編織細節來證明我們的立論。這種言論可能帶來誤解，破壞信任。我們必須練習說真話，而且要善巧地說。如果不夠善巧，我們可能自以為說了真話，但仍然造成他人的痛苦或絕望。如果講出來會傷害他人，僅僅因為我們觀察到或經歷了某些事情，不代表就應該說出來。看到有人因為我們說的話而受苦，我們會辯解：「可是，我只是講真話

啊。」我們說的或許是真話，但也可能是毫無技巧、刺傷他人的話。愛的語言必須是以對他人、世界和自己有益的方式來講述真相。當我們說出真相的同時，要帶著慈悲心；這種方式能讓聽者接受我們所說的話。

道歉的藝術

誠心誠意地道歉，對我們不經思考的言行表達遺憾，是一門藝術。真正的道歉，可以減輕對方的痛苦。一旦我們意識到自己可能說過或做過傷害他人的事，我們得盡快找到道歉的方式。可以的話，應該馬上道歉，而不是擱在一邊。我們可以直接跟對方談；如果他們不在現場，也可以打通電話，甚至寫張紙條。沒有必要等到下次見面才說，直截了當的道歉會產生很大的效果。我們可以說：「我很抱歉。我知道自己太粗心了。我沒注意到，也不明白你。」我們不需要合理化或解釋自己的言行，只要道歉就好。

道歉沒有附帶條件

表達歉意的時候，必須不帶任何條件。不要為犯錯找藉口。你可以說：「我當時沒留心。我知道那些話可能會傷人。請原諒我。我以後不會再說了。」不要為了得到對方的歉意而道歉。當別人跟我們道歉時，請坦然接受，並報以理解和原諒。

靜定是理解的基礎

觀察或傾聽他人時，我們往往沒能清晰地理解對方或聽進對方的話。我們看到、聽到的是自己的投射與成見。我們對他人的認知錯誤，讓我們看到、聽到的事物蒙上不同的色彩。即便朋友稱許我們，也很難接受這些讚語。多數時候，我們的思考、想法和感情不停波動，就像泥巴湖裡的水，映照不出天空的模樣，因為這湖遭受暴風雨的翻攪。如果我們無法平靜，就難以深刻傾聽並理解。但是當思緒靜下來，就可以更清楚地看到現實，如同靜水反映了綠樹、雲彩和藍天。靜定是理解和洞察力的根本。靜止就是力量。

開口前，深呼吸

當你感到沮喪或憤怒，先別行動，也別說什麼，這很重要。我們得先平靜下來。不要帶著憤怒的能量說話或行動。只要回到自己的身體與呼吸。正念呼吸，釋放身體和心靈的緊繃，或是散個步，直到你的內在足夠平靜。接著，請朋友說清楚自己的意思，看看你是否正確理解，或是認知有沒有出錯。這能預防許多關係上的損害。

暴風中的樹

很多人不懂得怎麼處理自己情緒的大起大落。自身的錯誤認知，會帶來憤怒或是滿滿的絕望。想要看清楚，得先平靜下來。當我們受到強烈的情感掌控，就像暴風雨中的樹木，樹冠的枝枒與樹葉在風中狂舞。但樹幹堅定不移，穩固並深深地扎根於大地。我們陷入情緒風暴時，可以學著像樹幹一般，不要待在高高的枝頭，而是爬下樹幹，保持靜定，不被思緒與情感控制。先別開口也別行動，把注意力帶到腹部的起伏，回到我們的軀幹。這能保護我們，不帶著怒氣開口，也不會說出讓自己後悔的話。

發洩

有些人把痛苦、憤怒和絕望當成毒藥,必得
除之而後快。但這些情緒可能有其用處,還
能就此轉化為正面的力量。當你透過捶枕頭
之類的方式發洩憤怒,這看來或許無傷,但
是捶打枕頭,把它想成是你的死對頭、害你
受苦的人,不一定能消除你的憤怒。你可能
正在重複演練自己的憤怒,讓它變得更加強
大,而非釋放憤怒。枕頭不是人也不是動
物,打枕頭看來安全無害,但此舉其實澆灌
了你無意識的憤怒種子。重複演練我們的憤
怒,等於養成生氣的慣性,這可能很危險且
具破壞性。

餵養我們的苦難

佛陀說：「沒有食物，什麼都無以維生。」就連愛也無以為繼。少了滋養，你的愛會枯萎。你可以每天學著滋養你的愛，這樣它便能持續茁壯成長。你餵養了什麼給愛呢？當你生出愛的思想、言語和行動，這些都會滋養你的愛，幫助愛成長。痛苦也需要餵食才能生存。如果你一直受苦，這是因為你每天餵養著自己的痛苦。思想、對話、電影、書籍、雜誌和網路都是感官吸收的食物。如果不謹慎選擇我們吸收的東西，這些就會澆灌內在的憤怒、恐懼、暴力與歧視的種子。如果你停止餵養你的苦，苦同樣會消亡。

痛苦的用處

慈悲能中和憤怒。如果你懂得如何生出慈悲
的能量，就能轉化憤怒。當你看到他人受
苦，而你明白他們的痛苦，內在會陡然升起
慈悲。當慈悲心升起，你看著那些傷過你、
害過你的人，心裡不再難過，也不再想著要
報復那人。你反而會想幫助他們減輕痛苦。
我們可以說痛苦是有好處的。痛苦帶來理解
和慈悲，那是幸福的真正基礎。

沒有污泥，就沒有蓮花

憤怒與痛苦經過轉化，就能得到幸福。沒有痛苦，哪來幸福。種植蓮花需要泥土，否則無法生根。我們的憤怒和痛苦是泥土，可以培養幸福、慈悲和理解。如果我們知道如何處理和轉化痛苦，就不會那麼難受。泥土能化生蓮花。想培養慈悲，就得理解並擁抱自己的痛苦。不要想拋掉痛苦，應該像抱著哭泣嬰兒的母親般，溫柔地擁抱它，深觀它。那麼洞察力便會由此而生。每個人內在都有很多憤怒與痛苦。如果我們不知道如何處理痛苦，就會一直糾結下去，也讓周圍的人受苦。碰到有人傷害我們，第一反應可能是報

復或傷害對方。但是當我們瞭解他人其實也正在受苦，就不再想要報復了。傾聽你自己和他人內在的痛苦，將幫助你理解和慈悲。等到你生出慈悲，便開始療癒並改變你內心跟身體每個細胞的憤怒和痛苦。

觀看他者

當你搭公車或捷運時，與其腦子想東想西，不如看看周圍的人，深觀他們臉上的表情。你會看到其他乘客的痛苦，當你觸及那種痛苦時，自己就會生出慈悲心。透過慈悲的眼光看待萬物是非常有力的練習。花一個星期做這樣的練習，對你和他人的人生都會產生重大影響。

五歲小孩

受苦往往是從很小的時候就開始了，隨著成長過程加劇。我們的內在仍有個五歲小孩。這孩子可能受到很多痛苦。五歲的小孩很脆弱，容易受傷。欠缺正念的父母，可能將自己所有的疼痛、憤怒和苦處傳給孩子。到了五歲，這孩子已經充滿恐懼和悲傷。如此年幼的孩子，未必都能以大人聽得懂的方式來解釋自己的痛苦。孩子結結巴巴地訴說，周遭的大人可能會打斷、甚至吼他。這種語言就像把冰水潑在柔嫩的心上。孩子可能再也不會跟大人傾吐了，深深刻下的傷口就此被埋藏起來。大人一遍又一遍重複這樣的行

為，最終他們與孩子的連結便硬生生截斷。背後原因是缺乏正念。比方說，如果父母不懂得處理自己的憤怒，可能會破壞與孩子的溝通，造成孩子終生受苦，並將這種憤怒傳給下一代。所以，與內在的五歲孩子保持連結很重要，然後著手療癒內在的傷口。我們可以學著聆聽五歲孩子的疼痛，帶著正念與慈悲的能量，溫柔地擁抱這份痛苦。痛苦就會開始轉化。

內在和平

我們只有先深深理解、擁抱並善待自己的恐懼和憤怒，才有能力聽到他人，並理解他們的痛苦。與自己的恐懼、憂慮和怨恨和平共處，深入瞭解它們的源頭，這能帶來改變和療癒的洞察。回到自己、與內在和平共處的過程，是對他人送出愛的關鍵。大家都知道和平必須從自己做起，但不是每個人都懂得方法。修習正念呼吸，平靜內心，放鬆身體，你會開始找到內在的和平，而且會立刻感到好很多。與他人和解之前，你需要恢復與自己的溝通。

與自己和平相處

想要與自己和平相處，正念呼吸是美妙的方式。完全覺知吸氣與吐氣，你自然會慢下來。當你修習正念呼吸，就能活在當下，不需要特別說什麼或做什麼。不管現在是什麼狀況，你都可以在這一刻覺知：

吸氣，我知道我在吸氣。
吐氣，我知道我在吐氣。

意識呼吸，和平便自然而生。正念的能量具有體貼、關注與友誼的成分。只要在呼吸中練習保持覺察，讓你覺得溝通困難的對

象，可能會注意到你有些不一樣。即使你們還沒有重啟溝通，也沒有著手取得共識，你的平靜能量已經在對方身上產生影響。當我們覺觀一呼一吸，我們便踏上更有正念的道路，正念就是覺醒的開始。

愛的語言

與他人和解之前，得先與自己的內在和解。我們覺知並擁抱自己所有的感受和情緒，看到痛苦的緣由是自己，而非出自他人——別人只是觸碰了我們內在本有的痛苦種子。瞭解這一點，就可以看到自己在眼前困境中扮演的角色，慈悲心也就升起了。

等到你與自己和解，與自己和平共處，自然能跟另一人說：「我知道你受了很多苦。我也明白這有一部分是我造成的。我過去不夠正念，也不善巧，不明白你的痛苦和困難。我可能說了或做了什麼導致這個狀況。對不起。我並非故意傷害你。你的幸福、安

全、自由和喜樂，對我很重要。因為我自己耽溺在自己的痛苦之中，有時比較不當心，或許讓你覺得我故意傷害你。這並非如此。請告訴我你的苦處，這樣我就不會再犯同樣的錯誤了。我知道你的快樂也會影響到我的快樂，我需要你的幫助。跟我說說你的恐懼和絕望、困難與夢想，讓我多瞭解你一些。」

第二個受害者

假設有人讓你受了很多苦。你可能認為只有自己感到痛苦，而對方是性格白目或充滿惡意的人，才會害你受苦。但如果你有時間和耐心看深一點，就能感知到對方的痛苦。那人只是不懂如何處理自己的痛苦，他們才是自己痛苦的頭號受害者，也是最大的受害者。你只是第二個受害者。

我能幫上什麼忙？

有時候，你認為自己的所作所為是出於愛，甚至是為了另一人的快樂著想。然而，若不是出自對他人的深刻理解，你的行為可能會使他人受苦。如果不瞭解他人的痛苦、困境和內在渴望，也不可能付出慈愛。愛是理解；少了理解，就不能講到真愛。我們應該要能問對方：「我夠瞭解你嗎？」這就是愛的語言。如果你誠心誠意，對方便會願意向你訴苦。當你懂得他們的痛苦，就能滋養內在的愛。

距離不是問題

我們希望取得和解的對象，有的距離我們很遙遠，感覺修補關係的機會渺茫。何不打通電話呢？如果對方能聽到你的聲音，誤會的可能性就降低了。因此，傳簡訊或寫電子郵件不能穩當地讓關係癒合。別太擔心用字遣詞的問題，只要你修習正念呼吸，與自己和平共處，對方就能從你的聲音聽出來。維持平和穩定，保有內在的定靜，你的言語就能打開對方的心門。或許不是一時半刻的事，但封閉的門終究會開啟。

與死者和解

該說的話，沒能趕在對方在世的時候說，這讓你抱憾不已嗎？你是否做了什麼事，讓你悔不當初，而對方現已往生，你想彌補也來不及？你不需要感到後悔，因為那人依舊在你心中。你不必感到內疚。一切都還有可能。過去並未消失，仍以當下的形式存在。如果我們知道如何深入觸碰現在，便可以接觸過去，甚至改變它。向已逝的人微笑，說出希望自己曾經說過、卻沒有機會說出口的事情。表達你的愛和感激之情。這將帶給你和平，並重建你們的關係，還能為周圍的人和下一代帶來快樂。

讓我們安全的事物

面臨衝突時，我們往往認為問題出在對方，或是某些人。我們以為這完全是別人的錯，如果他們停止這樣做，或是改變他們的為人，就能讓我們感到平靜快樂。於是，我們可能會想毀滅對方，或許我們希望這些人從不存在。但深入想想，我們就知道，遭受苦難的不只是我們——對方也正在受苦。只要花點時間讓自己平靜，深入瞭解情況，就會明白每個人都有責任。無論是個人衝突，還是團體或國家的衝突，都是因為我們的思想、行動或說話的方式而共同造成的。我們可以深入觀看自己在僵局中扮演的角色，並

負起自己的責任。當我們看到自己如何造成衝突，我們的心會再次打開，進而能夠展開對話。我們希望為自己創造和平、安穩、安全的生活，也讓對方有機會享有和平、安穩、安全。如果你有這個意願，知道如何包容對方，你受的苦馬上會減輕很多。別人也想和平安全地活著。包容的意願會鼓舞並激勵我們自然而然地提出：「怎樣才能確保雙方共同的安全和幸福？」當我們提出這個問題，整體狀況很快就會開始從深層轉變。

你確定嗎？

許多爭論和衝突的成因，來自我們堅信自己的想法和認知是對的。佛陀最深刻的教導之一，就是我們不該對自己的想法過於堅持。不要被自己的觀點蒙蔽了。即便你確信自己看得很清楚，也請多檢查一次。保持開放的心態。隨時準備放下自己的觀點，這同樣適用於我們看待彼此和世界的方式。我們真的清楚理解狀況了嗎？正確理解事情的狀況是我們的責任，不能因為自己的恐懼或分別心而蒙蔽視線。清晰中肯的觀察，加上愛的語言，對於建立溝通，消除憤怒、仇恨和歧視，都有很大的幫助。

錯誤認知

有時我們會以為，某人是故意害我們受苦。
這項認知讓我們憤怒，甚至絕望，於是想要
報復，因為我們堅信對方已經造成了威脅。
這種誤解與恐懼極度放大之後，便成了戰
爭。我們在生活中隨處可見縮小版的呈現。
溝通不良很容易造成錯誤認知。消除錯誤認
知有個方法，就是建立對話。我們可以說：
「我想確定我聽懂你的意思。」質疑自己的
認知，放下成見與批判，深入地聆聽，這是
很有力的練習。

開放的心態

我們往往不只對他人產生錯誤的認知,對自己也同樣認知有誤。與他人對話之前,首先要練習有意識地呼吸。平靜自己的情緒,深入觀察,就能意識到自己的感受,以及可能存在的誤解,而這些誤解會阻撓我們聆聽與理解他人。如此一來,我們就能更有效地與他人溝通。這樣修習,就是在用心去看、用心去聽,你的視野不會再侷限於自己心的主觀想像。帶著平靜的心,放下成見,就能直接觸及實相。

你的心量有多大？

修習包容，是奠基於理解、慈悲與愛的實踐。你可以擁抱和接受一切，接受每個人，不必再受苦，因為你的心變寬廣了。該如何擴大我們的心呢？增加理解與慈悲，能讓我們的心量變大。每個人都該自問：我能做些什麼來幫助自己打開心門，接受另一個人？我們的心量有多大呢？

心結

佛學心理學中，有所謂「內在心結」或「結使」的用語。如果某人講話毫不客氣，而我們全然摸不著頭緒，可能會生出不安，在內心打個結。缺乏理解是所有心結的成因。我們很難接受自己生出憤怒、恐懼和遺憾等負面情緒。我們精心設計了防禦機制，來否認負面情緒的存在，但這些感受總是試圖浮現。我們可以學著在形成心結的當下，馬上認知到這個狀態，就能找到解開之道。如果在心結形成、尚未緊密交纏的那一刻，立刻全然地關注它，會很容易解開；否則隨著時間愈結愈緊，就很難鬆開了。

解開關係中的結

當你進入新的關係，雙方之間的氣氛比較簡單，幾乎沒有什麼心結。就算有誤解，也能馬上輕鬆化解。但隨著我們放任事件積累，許多心結也堆了上來，我們不知從何下手解開。為了保護彼此的幸福，我們必須保持覺察，在心結形成的當下盡快溝通。有位女士告訴我，她結婚才三天，就累積了許多心結，但瞞著伴侶長達三十年。因為她擔心，要是自己坦白相告，雙方難免吵架。但少了真誠開放的溝通，就不可能真的快樂。如果我們沒有帶著正念度過每一天，就會散播痛苦的種子給身邊最愛的人。

贈人以禮

當我們生某人的氣，用盡各種方法仍無法解決僵局，這時請試著送對方禮物。在我們感覺快樂、平靜、穩定的時候，先準備好禮物，然後收好它，一有需要就能隨時用到。不要等到自己動怒時才準備，這樣我們就完全沒興致了。等到下回動氣時，可以拿出事先藏好的禮物交給對方。這樣能馬上緩解氣氛。發生爭執時，我們往往只想要對方得到報應。但藉著反其道而行，送出對方喜歡的事物，我們的憤怒逐漸沉寂，很快就能抵達愛與理解的彼岸。

相即

相即的意思是，認知到沒有任何事物能獨立
於其他事物而存在。我們都是相互連結的。
透過關愛他人，等於是關愛自己。照顧好自
己，也就是照顧了對方。快樂和平安從來不
是個人問題。如果你受苦，我也會受苦。如
果你感到不安，我也不能獨善己身。如果你
受苦，我無法真正感到幸福快樂。如果你笑
了，我也就笑了。瞭解相即，十分關鍵。這
幫助我們消除孤獨的錯覺，轉化因疏離而生
的憤怒。

如何拆解炸彈

如果你的內在埋藏過多的暴力與憤怒，你會變得非常緊繃，有如一顆即將爆炸的炸彈。你深受其苦，而這些痛苦會蔓延到你的生活或工作上碰到的人。大家都怕你，不想接近你。所以你認為每個人都在唱反調。你變得非常孤獨。當我們受苦時，我們傾向於責怪別人，將他們視為痛苦的根源。我們沒有發覺，某種程度上，我們不僅要為自己的痛苦負責，也應該對周圍的人所受的傷害負責。我們沒察覺的是，儘管他人可能想伸出援手，我們卻已經成了炸彈，準備爆炸。或許你也認識一些這樣的人，儘管你很想幫忙，

他們卻隨時可能爆炸，於是不得不保持距離。你必須先訓練自己，才能變得更善巧。請修習正念呼吸、行禪、擁抱自己的痛苦，並使用愛的言語。然後，藉由自己的安穩、正念的言語，慢慢接近對方。這對兩人都有好處。透過深刻的聆聽和愛的語言，溝通便恢復了。

痛苦時請說這三句

當你動怒、但不想失控時，這三句話可能有用。第一句是：「吸氣，我知道自己正在受苦。」痛苦時，有時自己沒有意識到，於是備受折磨。透過這句「吸氣，我知道自己正在受苦」，苦依然存在，但保持對苦的正念。這就非常不一樣了。

第二句是：「我知道你也感到痛苦。」我們常常以為只有自己受到折磨，因為他人的粗魯或殘酷而受害。我們忘了對方同樣有苦處，他們說了或做了這些事的背後原因正是苦。

第三句是：「我需要你的幫忙。」我們正

在受苦，所以需要幫助。我們希望知道發生了什麼狀況。對方其實也需要我們的幫助，而非報復。這個簡短的句子是個提醒：我們可以充當彼此的庇護所，而不是令情況惡化。我們可以藉由向對方求助，即刻化解緊張和衝突。

背叛與忠誠

有背叛，就有忠誠。每個人都有背叛與忠誠的種子。兩人之間的相處，絕對不是單獨一方的責任。如果你處於伴侶關係中，你可以每天為自己和伴侶澆灌忠誠的種子。你說話、凝視和行動的方式，可以充滿慈悲。人懷著慈悲時，其他人自然想來親近，就像誰都喜歡坐在一棵陰涼的大樹下，好好放鬆一般。如果我們能保持清新、慈悲，帶著愛與耐心，便有助於轉化我們的關係，以及關係中的另一半。

利用你的社群

承認痛苦的其中一個步驟,就是承認自己需要幫助。如果你得到社群的能量與支持,修習慈悲就會容易許多。社群能幫助我們懷抱希望。獨自解決痛苦往往沒那麼簡單,每個人都有思慮不周的時候,即便心裡不想傷害任何人,也不願造成痛苦,卻依舊這樣做了。我們不可能面面俱到,所以每個人都需要幫助。想辦法和懂得深入瞭解和傾聽的人在一起,他們能幫我們看清楚狀況。這能滋養你的慈悲心。內心充滿慈悲,受的苦就少了,因為慈悲本身具有療癒的力量。有了社群的庇護,就能自助而後助人。

善巧的藝術

學習帶著喜樂的心，滋養自己和他人。愛一個人意味著理解對方，也就是知道以何種具體的方式帶給他們喜樂與幸福。如果你行動善巧，那麼你說的話、做的事就能使對方感到清新與輕鬆。有時候，一、兩句好話就足以讓對方心花怒放。我們必須學習創造幸福的善巧方法。如果童年時，我們看到母親或父親做了點什麼，給家裡帶來幸福，我們就懂得怎麼做。但如果我們的父母不懂得創造幸福，我們或許也不懂得如何著手。在共修的社群裡，試著學習讓人幸福的善巧方法。關鍵不在於對錯，而是善巧與否。創造幸福

是一門藝術。共同生活是一門藝術。即使你充滿善意，依舊可能讓對方非常不開心。善意並不足夠。我們需要懂得讓對方開心的技巧。善巧是生命的本質。盡量找到言行中的善巧方便。善巧的實質是正念。當你帶著正念，就會更加善巧。這是我從修習中得到的感悟。

智者委員會

有些人覺得自己從未真正得到他人的聆聽或注視。這就生出了苦。我們必須練習傾聽別人的痛苦。有些人能夠慈悲地深深聆聽痛苦。我們應該要環顧四周，找到這些人，邀請他們組成一個深刻傾聽的特使團，有如智者委員會，練習傾聽自己國家與人民的苦難。想要幫助他人之前，個人應該在自己的領域內實踐慈悲行動。在自己的領域內，以慈悲與智慧行事，是幫助世界的第一步。

國與國的和解

個人的痛苦反映出世界的痛苦。如果你幫了一個人，等於是幫助整個世界。我們要能傾聽自己的恐懼與憤怒，才聽得到並理解其他國家和他人的恐懼和憤怒。仇恨、暴力、憤怒和恐怖主義源於錯誤的認知。作為國家和個人，我們對自己和彼此都帶有很多錯誤的認知，這些都是仇恨、恐懼和不信任的根源。每個人都需要練習深觀與聆聽，才能更正確地瞭解自己和他人，更清楚狀況，進而消除錯誤的認知。這些練習無法用炸彈、槍枝或軍事力量來取代。我們選出的領袖也無法完成這項任務。我們的國家與世界局勢委

實太重要了，不能單獨交託給政客。我們應該從自己、親人、社區、陌生人及社會各階層，一起實踐慈悲、細心的聆聽，以及愛的語言。

全新的開始

我們當然犯過錯,而且我們行事的確不夠善巧。我們傷害了自己,也讓周圍的人受苦。但是這並不妨礙我們改過、轉化或重新開始。誠實地深觀自己,以及過去的行動、言語和思想,在自己和與他人的關係中創造全新的開端,這就是重新開始。佛陀說,沒受過苦,就無法從中學習。我們透過犯錯來學習。在一天的最後一刻,甚至在生命的最後一刻,都可以重新開始。在一天當中、二十四小時內,你有數以百計的機會,讓自己重新開始。

片面解除武裝

當你的內在得到和解，和平與愛就成為可能。當你體現和平與愛，就能輕鬆扭轉困境。裁減軍備可以單方面進行。如果你解除自己的武裝，代表了你決定放棄攻擊，不再造成傷害；你變得平靜了。即便另一個人還沒發現，但在你放下武裝、放棄爭鬥、自我實踐重新開始的那一刻，療癒也展開了。你會經歷轉變，而且很快地影響另一個人。然後，他們或許也決定解除武裝，成功轉化錯誤認知、憤怒和暴力。不論是個人還是國家，我們都可以付諸實行。

照顧自己，就是照顧彼此

佛陀講過一個雜耍大師和學徒的故事。他們每天都去市場表演。那人舉著一根竹竿，由小女孩爬上高高的竹竿雜耍。有一天，大師說：「孩子，我們要好好照顧對方。我會照顧妳，妳來照顧我，這樣我們就可以安然無恙，繼續賣藝維生。」小女孩答道：「可是師父，我的看法不一樣。我覺得，如果我照顧好自己，您也照顧好自己，那麼我們都不會有事，可以相互扶持，繼續謀生。」小女孩懂得互依互存的真義。沒有區隔，也沒有分離。如果你照顧好自己，就等於照顧對方。照顧自己意味著照顧他人。我們要如何

照顧自己呢？藉由修習正念，瞭解自己的心與身體的狀況，將心帶回身體的家，在當下穩定扎根。我們覺知呼吸，放鬆身體。我們照顧自己的強烈情感，學習覺察自己的錯誤認知，便能發現自己受苦的源頭。我們如何照顧他人？當你去上班時，小心開車——這就是照顧女兒、兒子、伴侶的方式。結果會讓你非常驚訝。你會發現，藉由照顧自己，治癒自己的傷口，你也開始療癒對方的傷口。對方會看到你的轉變。

無常

大家多半相信自己永遠都是一個樣子，而我們的死對頭也永遠不會改變，就是那副德性。這種錯覺讓我們活得不快樂，也無法帶給他人快樂。通常，失去某樣東西或某個人，我們就開始受苦了。然而，當那樣東西或那個人仍然存在時，我們卻不知珍惜。一切事物的本質就是變化。若我們能理解這一點，就會更深刻地欣賞對方，今天就能做些讓對方快樂的事，因為明天可能為時已晚。

處理困惑

有時候，我們感到茫然、困惑，不知該怎麼做才對。要反擊，還是不反擊？該說點什麼，還是忍住別說？要走，還是要留？我們難以決定。那一刻最好停下來，修習正念呼吸，回到內心的家。意識呼吸，我們會平靜下來，頭腦也更清楚。困惑的狀態可能滋生恐懼，讓人做些弄巧成拙的事。所以，我們該做的，就是什麼都別做；回到自己身上，修習正念呼吸，將狀態調整到最好。如果你夠定靜，保持平緩、平和，就能生出洞察力，知道說哪些話、做哪些事，對當下狀況最有助益。

預防戰爭

只有你自己受苦,才會讓別人受苦。如果你感到平靜幸福,絕不會讓他人受苦。深觀,我們於是看到自己的失念及日常的生活方式,是如何讓那些施暴的人受苦。我們必須學習培養正確的思想、語言、行動,不帶任何暴力、憤怒、仇恨和恐懼。我們也很清楚,暴力只會帶來更多暴力。然而,暴力已經成為生活的本質。很多人就住在家庭暴力或街頭暴力叢生的環境裡。不難想像有人會以暴制暴,或是將暴力看作是解決問題的方式。如果想要保護生命,就得以個人和國家的身分,深觀暴力和戰爭的真正本質。我們

必須盡一切努力，防止戰爭再次開打。如果我們只是抗議，那麼五年或十年內下一場戰爭來到時，我們依舊措手不及。實踐和平就從今天開始，才能預防下一場戰爭。如果我們在內心建立和平，帶著平靜看待事物，與彼此、與世界和平相處，那麼我們就是在努力防止下一場戰爭的發生。戰爭是集體意識的結晶。如果我們等到另一場戰爭已無法避免，才開始實踐和平，那就為時已晚了。和平就從當下、此刻開始。

一箭救二鳥

當你解開自己內在的衝突，也就消除了自己與他人的衝突。一支箭就能同時拯救兩隻鳥——如果箭射到樹枝，兩隻鳥都會驚飛。首先，照顧好自己。藉由修習正念、深觀、對自己慈悲，來與內在的衝突和解。接下來，理解並愛惜身邊最親近的人，與他們和解，即便他們有時也欠缺理解。

療癒

當我們意識到自己做了惹人不開心的事,這時能做點什麼呢?那受到傷害的人或許還活著,也可能已經過世。我們還能做些什麼來彌補?這傷口不僅存在於對方的身體和心識,同時也在你的內裡。那疼痛與苦楚依舊留在你的心識中。當你察覺到傷口時,可以開始吸氣與吐氣,並說:「吸氣,我意識到自己內在的傷痛;吐氣,我正好好地照顧我的傷痛。」吸氣時,我說:「我很抱歉。」吐氣時再說:「我不會再犯了。」

我們會在哪裡

相互遷怒時，

閉目看未來：

三百年以後，

你我在何方？

和平與和解的練習

覺察悲傷

正念呼吸，你便能產生正念的能量，認清並擁抱你的痛苦與悲傷。這會帶來安慰和喜悅，減輕痛楚，轉化苦惱。我們不必試圖擺脫艱難的感受與情緒，以正念呼吸來擁抱它們。正念呼吸可以平靜並淨化身心，幫助我們放下身體的任何緊繃，以及對過去或未來的擔憂。正念呼吸還能讓我們看清現實，放下錯誤的觀點與苦惱。正念呼吸能減輕痛苦，恢復平衡與快樂。正念呼吸的修習可以帶來幸福、安穩和自由。

細心傾聽

細心傾聽是和解的基礎。每當我們想修習細心聆聽的藝術,都可以誦讀以下的文字。觀世音菩薩諦聽眾生苦難,幫助眾生出離苦海。

禮敬觀世音菩薩,我們願學習菩薩行,細心聆聽,拔除世間苦痛。您懂得聆聽,以深入理解。禮敬觀世音菩薩,我們願專心、誠懇地修習細心聆聽。我們願心無成見地聆聽。我們願意聆聽,不做批評,也不反應。我們願意聆聽,好進一步理解。我們願專心一意地聆聽,以瞭解我們聽到的,或是沒有說出的話語。我們知道,只需要細心聆聽,就已經大大減輕了別人的苦痛。

安撫強烈情緒的腹式呼吸

有時候，我們感到自己被情緒淹沒、掌控，忘了情緒只是我們的一部分。當強烈的情緒升起，我們可以說：「你好，我的情緒。我知道你在那裡。我會照顧你。」修習帶著正念的腹式深呼吸。坐下或躺著，把手放在肚臍下方的位置，深深地吸氣、深深地吐氣。意識到肚子的起伏。停止所有的思考，只關注你的呼吸和腹部。

吸氣，我的腹部正在上升。
吐氣，我的腹部正在下降。

你愈是想到心煩意亂的事情，情緒就愈強烈。因此，持續將覺察帶回到呼吸，感受氣息進出時腹部的起伏。你知道自己可以處理內在的風暴。你不只是你的情緒。

六句真言

真言具有奇妙的力量,當我們專注、帶著洞察念誦時,能改變處境。為了讓它發揮作用,我們念誦時要完全處於當下。有時,我們念出真言讓他人聽到,有時則靜靜對自己默念。你可以念誦對你有效的單句,或是調整內容來切合你的需要。

1. 我為了你而在

有時我們吃早餐時會埋頭讀著早報新聞。有時我們沉浸在自己的思緒與計畫裡。或者,我們開著車,親愛的人坐在身邊,但我們完全忘了對方的存在。有時我們正在吃飯,卻

根本沒注意是誰與我們同桌。親愛的人真實陪伴在我們身邊，我們卻未視作真正的存在。要愛一個人，你必須百分之百處在當下。「我為了你而在」，這句真言表達的是我關心你，我喜歡跟你在一起。這會讓另一半感受到支持與快樂。

2. 我知道你在那裡，我很開心

有時我們忘了無常這回事，以為心愛的人會永遠陪著我們，忘了對方此刻的存在有多珍貴。一旦我們真的為了對方而在，對方會變得非常真實。當這個人完全真實，就是生活的美好展現。為了讓對方幸福快樂，也讓自己幸福快樂，我們要讓對方知道這一點。

3. 我感受到你的痛，我為了你而在

或許我們說過或做過一些傷害他人的事情。
如果我們傷害了對方，我們要知道。但不要
指望對方能馬上與我們談這件事。這可能還
太痛苦了。但是你的確希望對方知道，你能
感同身受他的痛苦，而且願意隨時陪伴在
側，靜靜坐著、呼吸。承認對方的痛苦並予
以支持，就能帶來解脫。

4. 我正在受苦；幫幫我

這句真言有時最難修習。我們需要謙卑地承
認自己受傷、需要幫助；驕傲或害怕對方拒
絕，會形成阻礙。儘管如此，當心愛的人傷
害了我們，我們得讓對方知道，否則傷害會
一次次累積，直到我們再也無法忍受，進而

想要分開。這句真言的意思是：「請聽一聽是哪些事情傷到了我。請告訴我，你為什麼會這樣說，那樣做。」

5. 這是幸福的時刻

這句真言可以隨時修習。我們常會忘掉身邊許多幸福的條件。我們可以記住這一點，用這句真言時時提醒彼此。所以，你們一起坐下來吃飯時，其中一人可以問：「這是什麼樣的時刻呢？」另一個人回答：「這是幸福的時刻啊。」

6. 你說對了一部分

有時我們會得到很多稱讚。我們的確需要不時受到稱許，但要注意，別因為讚美而變得

過度驕傲。所以你得告訴自己，或者跟對方說：「你說對了一部分。」這表示：「沒錯，我確實有這項天賦，但這不光是我的，也是祖先的遺澤。每個人都有某種天賦和禮物。」

有時我們遭受批評。沒錯，一定程度的回饋能帶給我們進步，但重點是不能太過在意批評。你可以告訴自己，或者說出來：「你說對了一部分。」這代表：「是的，我有時會表現出那些不好的特質，但這並非全部的我。這是祖先傳下來的。為了我自己，也為了祖先，我正在轉變這些特質。」

禪觀五歲的小孩

五歲的孩子很稚弱，容易受傷。我們都曾經是五歲的孩子，而那個孩子依舊活在我們內心。在這個練習中，你回到內心，接觸那個五歲的自己，這孩子或許曾經受到深深的傷害，並且長期遭受忽視。靜靜坐著，覺知呼吸，或許可以看著你五歲的照片說：「看到自己是個五歲的孩子，我吸氣。對這個五歲孩子微笑，我吐氣。」

下一步是觀想你認為傷害過你的那個人五歲時候的樣子。想像你的父母也是五歲的孩子，這很有幫助。你可以說：「吸氣，我看到父親是個五歲的孩子。吐氣，我對五歲的

父親微笑。」我們眼中的父親多半已是成人的形象，於是忘記他也曾經是個小男孩，也容易受到情感創傷。可以的話，找一張父親童年的照片，看著他。吸氣，對五歲的父親微笑。你會看到父親跟你一樣，身上帶著傷。那一刻，你成為你的父親，你與禪修的對象合而為一，這時理解與慈悲就生起了。你可以修習下列靜坐的引導：

看到自己是個五歲的孩子，我吸氣。
對這個五歲孩子微笑，我吐氣。

看到這個五歲孩子的脆弱無助，我吸氣。

心裡帶著愛，對這孩子微笑，我吐氣。

看到我父親是個五歲的孩子，我吸氣。
對著五歲的父親微笑，我吐氣

看到五歲父親的脆弱無助，我吸氣。
帶著愛與理解，對五歲的父親微笑，我吐
氣。

看到父親童年時受苦，我吸氣。
看到母親童年時受苦，我吐氣。

看到我內在的父親與母親，我吸氣。
對我內在的父親與母親微笑　，我吐氣。

重新開始

重新開始是化解衝突或困境的方法。這個方式就是誠實看待自己，誠實看待自己造成衝突的思想、言語、行動。這有助於避免累積受傷的感受，化解僵局，也是覺察與欣賞自己和他人正面特質的練習。

首先，我們要從自己重新開始，接著再和另一個人重新開始。你可以跟伴侶、父母、孩子、朋友或同事一起練習。

這個練習共有四個階段：「澆花」（表達我們的欣賞）、分享憾事、表達傷害、請求支持。

1. 澆花

深入看到對方的正面特質，並表示對他們的
稱許。分享你在他們身上觀察到的三個以上
的正面特質，以及你覺得感恩的事物。盡量
具體。有時我們可能需要對某人的花，持續
澆水很長一段時間，才能療癒彼此的關係並
建立信任，再來才能提出哪些事物傷害了我
們。這是強調對方的優點與貢獻的機會，並
鼓勵對方持續表現正面的特質。我們親愛的
人及人際關係就像鮮花，需要經常澆水來保
持新鮮和活力。如果不為對方的花澆水，這
份愛或關係可能會枯萎或死亡。

2. 分享憾事

我們可能會提到自己還沒有機會為某些不善巧的行動、言語或思想表達歉意。當我們覺知到自己曾經導致衝突或困境,就能馬上道歉。

3. 表達傷害

我們也可以分享自己曾經因為對方的行動、言語或思想而受傷。在表達傷害之前,請注意我們絕大部分的認知都是錯的。我們的糾結和痛苦往往來自過去的經驗,以及童年早期。透過深入的觀察,可以看到自己的痛苦

和傷害源自內心受苦的種子,而非對方造成的。或許你也可以請你信任且尊敬的第三者在場陪伴。

4. 請求支持

當我們跟對方傾訴自己的困難時,也能幫助對方更瞭解我們,於是他們就能提供我們真正需要的支持。我們現在可能在工作或學業方面遭受很大的壓力,可以請求對方理解並支持。

利用和平約章

當我們動怒時，看起來就不再是朵美麗的花了，比較像是即將引爆的炸彈；臉上的幾百條肌肉開始緊繃。個人、伴侶和家庭可以在他人的見證下簽署「和平約章」，幫助我們順利處理憤怒。這不僅僅是一張紙——它可以幫助我們一起幸福地生活下去。這約章包括兩部分：一份是給動怒的人，另一份是給引起憤怒的人。當我們生氣，或有人生我們的氣，如果能遵循「和平約章」的條款，就能引導我們回復平靜，恢復關係中的和諧。

和平約章

為了能夠幸福快樂地一起生活並加深彼此的愛與瞭解，我們承諾遵守並練習以下內容：

我，憤怒的一方，同意：

1. 不說或做任何可能導致進一步傷害或令憤怒加劇的事。
2. 不壓抑憤怒。
3. 練習呼吸，回到自己心中的島嶼尋求庇護。
4. 在二十四小時內，藉由口頭語言或傳遞和平字條，平靜地向令我生氣的人表達我的憤怒和痛苦。
5. 在同一星期稍後，如星期五晚上，與對方相約深入討論此事，或以和平字條溝通。
6. 別說：「我沒有憤怒。沒事了。我沒有受苦，也沒有什麼令我憤怒。」

7. 練習呼吸並觀察自己的日常生活，覺察：

    a) 自己有時也有不善巧的行為。

    b) 如何因為自己負面、不善巧的習氣而傷害他人。

    c) 內在強大的憤怒種子如何成為憤怒的主因。

    d) 別人的痛苦雖然灌溉了自己的憤怒種子，卻只是次要因素。

    e) 別人只是為他們自己的痛苦尋求解脫。

    f) 只要他人受苦，我也不能得到真正的快樂。

8. 一旦知道是因自己缺乏正念和善巧所致，立刻道歉，不需等到約談的日子。

9. 如果我感到內心仍不夠平靜，無法會見對方，可將約談延期。

我，造成他人憤怒者，同意：

1. 尊重對方的感受，不譏諷對方，允許對方

有足夠的時間平靜下來。

2. 不催促立刻討論。

3. 以口頭或字條同意對方提出的約談要求，並保證我會赴約。

4. 練習呼吸，回到自己的心中島嶼尋求庇護，覺察：

   a) 我的憤怒和不仁慈種子，以及自己的習氣，導致他人不快樂。

   b) 我誤以為使他人受苦就能釋放自己的痛苦。

   c) 令人受苦的同時，我也受苦。

5. 一旦明白了自己的不善和缺乏正念，立刻道歉，不試圖替自己辯護，也不等到指定的約談時間才道歉。

簽名：_____

日期：_____

遞出和平字條

比方說，有人激怒我們，而我們想在二十四小時內讓對方知道。如果我們覺得自己無法心平氣和地與對方交談，而二十四小時的期限又快到了，我們可以善用「和平字條」。我們不想在沒能平靜表達內心的情緒之前，就上床睡覺。這樣一來，對方也能受益，因為他們可能想知道我們為何笑不出來。我們要是知道對方收到了字條，就能稍感寬慰。你可以利用下頁的和平字條，或依個人狀況改成適合自己的內容。

和平字條

日期：_____

時間：_____

親愛的 _____，

我想讓你知道，今天早上（下午）你說了
（做了）某件事，我覺得很生氣，心裡非常
難過。你說了（做了）：

我們能找個時間一起坐下來談談嗎？請告訴
我你哪個時候方便？

愛你的 _____

擁抱禪

擁抱禪，需要與你心愛且信任的人一起修習，特別是兩人對彼此產生怨懟時。首先，閉上眼睛，深深吸一口氣，觀想自己跟親愛的對方從現在開始到三百年後的樣子。然後，張開雙臂擁抱對方。如果我們能夠看到自己與對方之間的無常，就會明白，雙方在一起的每一刻都是多麼珍貴。我們不想把相處的時間浪費在生氣與傷害彼此。

擁抱某人時，首先要練習吸氣與吐氣，帶出你對無常的洞察。「吸氣，我知道此刻的生命如此珍貴。吐氣，我珍惜生命的這一刻。」你對面前的那個人微笑，告訴對方你

想把他或她抱在懷裡。這是練習，也是儀式。當你自己的身心合一，全然回到當下，充滿了生命力，這就是一個儀式。你輕輕擁抱另一個人，三次吸氣、吐氣，珍惜對方的存在，然後分開，互相微笑——這是感恩與愛的微笑。

愛的書信

如果你在日常生活裡與某人發生摩擦，你可能會想花點時間獨處，然後寫信給對方。給自己三小時，用愛的語言來寫。在寫信的同時，練習深觀這段關係的本質。為什麼難以溝通？為什麼開心不起來？你可能想要這樣起頭：「親愛的兒子，我知道你過去幾年受了很多苦。我沒幫到你——老實說，反倒每下愈況。孩子，我不是有意讓你受苦。也許我不夠善巧。也許我逼你接受我的想法，讓你受苦了。以前，我以為是你讓我受苦，我的痛苦是你造成的。現在我意識到是我讓自己痛苦，而且我也讓你吃苦了。身為父親，

我不希望你受苦。」花三個小時、甚至一天，寫好這樣一封信。你會發現寫完信的人，與開始提筆的人，已經兩樣了。和平、理解和慈悲已經改變了你。二十四小時內就能實現奇蹟。這是修習愛的語言的結果。

第四項正念修習

「五項正念修習」是修習正念、慈悲與理解的具體指引，可以幫助我們決定如何回應眼前的狀況。第四項修習是關於修習細心聆聽與愛的語言，以便恢復溝通並實現和解。

　　覺知到說話缺少正念和不懂得細心聆聽所帶來的痛苦，我承諾學習使用愛語和慈悲聆聽，為自己和他人帶來快樂，減輕苦痛，以及為個人、種族、宗教和國家帶來平安，促進和解。我知道說話能帶來快樂，也能帶來痛苦。我承諾真誠地說話，使用能夠滋養信心、喜悅和希望的話語。當我感到憤怒時，我絕不講話。我將修習正念呼吸和正念行禪，以認清、深觀憤怒的根源。

我明白憤怒來自我的錯誤認知，以及對自己和他人的痛苦缺乏理解。我願意學習使用愛語和細心聆聽，幫助自己和他人止息痛苦，找到走出困境的路。我絕不散播不實的消息，也不說會引起家庭和團體不和的話語。我將修習正精進，滋養愛、理解、喜悅和包容的能力，逐漸轉化深藏於我心識之內的憤怒、暴力和恐懼。

相關書籍

《覺醒的喜悅》（*Awakening Joy*）

　　　　　　詹姆士・巴拉茲（James Baraz）與
蘇珊娜・亞歷山大（Shoshana Alexander）合著

《自在》（*Be Free Where You Are*）　　　一行禪師 著

《重新開始》（*Beginning Anew*）

　　　　　　真空法師（Sister Chan Khong）著

《當下自在》（*Being Peace*）　　　　　一行禪師 著

《幸福》（*Happiness*）　　　　　　　　一行禪師 著

《怎麼愛》（*How to Love*）　　　　　　一行禪師 著

《怎麼坐》（*How to Sit*）　　　　　　　一行禪師 著

《理想者的生存工具包》（*The Idealist's Survival Kit*）

　　　　　　雅麗珊卓・皮尼（Alessandra Pigni）著

《步步幸福：快樂行禪指引》

（*The Long Road Turns to Joy*） 一行禪師 著

《回到家，我看見真心：讓家成為修行的空間》

（*Making Space*） 一行禪師 著

《正念急救箱》（*The Mindfulness Survival Kit*）

一行禪師 著

《涅槃之前》（*Not Quite Nirvana*） 一行禪師 著

《一行禪師與孩子一起做的正念練習：灌溉生命的智慧
種子》（*Planting Seeds*） 一行禪師和梅村僧團 合著

《十次呼吸得快樂》（*Ten Breaths to Happiness*）

格倫・施奈德（Glen Schneider）著

國家圖書館出版品預行編目資料

怎麼吵 / 一行禪師（Thich Nhat Hanh）著 ; 張怡沁譯. -- 初版.
-- 臺北市 : 大塊文化, 2019.09
128面 ; 18×12公分. --（跟一行禪師過日常）（smile; 163）
譯自 : How to fight
ISBN 978-986-5406-03-5（平裝）

1. 佛教修持 2. 生活指導

225.87   108012752